INVENTAIRE
V 27,042

Eure

V.
2733
Ldg.1

27042

# LETTRE

D'UN

## PATISSIER ANGLOIS

AU NOUVEAU

## CUISINIER FRANÇOIS;

AVEC

## UN EXTRAIT DU CRAFTSMAN.

Nouvelle Edition,

*Par Desalleurs l'ainé. Voy. Barbier. — C'est une espèce de parodie de la préface des "Dons de Comus" du cuisinier Marin, préface attribuée aux PP. Brumoy et Bougeant.*

# AVERTISSEMENT.

Tout le monde connoît le nouveau Livre, intitulé : les Dons de Comus, ou le Nouveau Cuisinier François, qui semble n'avoir été mis au jour qu'en faveur de l'ingénieux Discours sur la Cuisine, qui est à la tête. C'est ce Discours qui a donné lieu d'écrire cette Lettre. On ne doit point être surpris d'y voir un Patissier raisonner d'une maniere, qui est un peu au-dessus de la portée des gens de cette Profession. L'exemple d'un Cuisinier François versé dans l'Histoire, dans la Métaphysique & dans la science du monde, a pû inspirer de l'émulation au Patissier Anglois, & lui faire naître le désir de marcher sur ses traces. Après tout, quand même, & le Cuisinier & le Patissier auroient employé la plume de quelque homme de Lettres, qu'ils auroient bien régalé, à condition d'adopter son Ouvrage, & de le publier sous leur nom, ils n'auroient fait l'un & l'autre que ce que bien des personnes de considération ont fait avant eux sur des sujets importans, & dans les plus glorieuses circonstances.

# LETTRE
## D'UN
## PATISSIER ANGLOIS,
*AU NOUVEAU CUISINIER*
*François.*

ES Gourmands & les Gens de Lettres font également charmés, Monsieur, du docte Avertissement qui est à la tête de votre Ouvrage. On y découvre à la fois le ton d'un homme du monde, le goût d'un Sçavant consommé dans la littérature, & les talens d'un excellent Cuisinier. Le style dont il est écrit, & le ton que vous sçavez donner à vos pensées, vous assurent une place honorable à l'Académie, lorsque les talens y seront plus communément admis.

Si la plûpart de nos Auteurs avoient aussi bien employé leur tems que vous, Monsieur, ils ne se plaindroient pas, comme ils font, de la mauvaise chere qu'on fait sur le Parnasse. Il faut espérer que votre exemple leur inspirera l'envie d'embrasser une profession, plus avantageuse que la leur ne l'est aujourd'hui. Nous y gagnerons bon nombre de Cuisiniers sçavans, qui ne manqueront pas d'employer leur esprit méthodique à perfectionner la Cuisine, en la traitant comme les autres sciences, par les regles de la Géométrie. Quel ragoût pour les personnes *délicatement voluptueuses*, qu'un plat géométriquement chymique, où il n'entre que des quintessences raisonnées, & dégagées avec précision de toute *terrestréité*.

Il y a grande apparence que la digestion de pareils alimens ne porte à la tête que des idées très-justes & des pensées fort délicates. Car il n'en faut point douter, Monsieur, ( & nous en voyons la preuve dans votre ingénieux Avertissement ) les organes du corps, selon vous, & ceux de l'esprit ont un tel rapport, une telle connexion entre eux, que l'un doit nécessairement se ressentir de l'état de l'autre. Ainsi, plus la nourriture du corps sera épurée, subtilisée, alambiquée, plus les idées de notre esprit seront déliées, subtiles & quintessenciées. En voici la démonstration.

Les idées de notre esprit dépendent de la constitution organique du corps.

Or la constitution organique du corps dépend absolument de la qualité des alimens qui servent à le réparer.

Donc les idées de notre esprit dépendent ordinairement de la qualité de nos alimens.

De ces principes très-évidens & fort bien démontrés dans votre Ouvrage, on pourroit, ce me semble, tirer de grands avantages pour l'éducation des enfans. C'est un principe qui mérite assurément l'attention de tous les Sçavans ; & il faut convenir qu'il est bien négligé en France. Je n'en veux point de meilleure démonstration, que les sottises qu'on entend dire, & que l'on voit faire tous les jours à nos jeunes gens.

On leur fait perdre le tems précieux de leur enfance à apprendre des Langues mortes, dont ils n'ont que faire ; on surcharge leur mémoire de fables, d'histoires, & de lectures qui les rebutent ; on est obligé de varier leurs études, & d'appliquer leur esprit à différens objets à la fois : ce qui les rend superficiels & décisifs sur toute sorte de matiere, sans exceller dans aucun genre.

Pour remédier à cet abus, il faudroit

A iij

dans vos principes que j'adopte volontiers, il faudroit, dis-je, ne donner aux jeunes gens pour toute éducation, que des alimens & des nourritures rélatives à l'état auquel ils font deftinés. Ces alimens feroient dofés & affaifonnés par un habile Cuifinier, d'une expérience confommée, qui connoîtroit à fond les penfées que produit dans une ame la digeftion d'un potage à la Nivernoife, d'une fauce à la Chirac, & des alimens femblables. Par-là, on communiqueroit infenfiblement aux jeunes gens les idées, les connoiffances, & mêmes les talens aufquels on les jugeroit les plus propres, & on les rendroit en même tems capables des emplois, aufquels ils font deftinés par leur naiffance ou par leurs parens.

Par exemple *, je crois qu'on feroit fort bien de donner à un jeune Seigneur deftiné à vivre à la Cour, de la crême foüettée & des pieds de veau : A un jeune homme deftiné à vivre dans le grand monde, & à voir ce qu'on appelle la bonne compagnie, on pourroit donner avec fuccès des têtes de linottes, des quinteffences de hanneton, des

* On donne ceci, comme un foible effai de cet *amphigouri*, qui plaît tant à nos perfonnes de bon goût.

coulis de papillon, & autres choses légeres : A un homme destiné à la chicane du Palais, & qui voudroit briller dans le Barreau, on donneroit force moutarde, du verjus, du chingara, & autres choses d'un goût un peu âcre & piquant. Ainsi des autres. Tous les gens qu'on destine à l'Epée, à l'Eglise, au Commerce, seroient nourris & élevés avec des alimens différens : & ces alimens seroient dosés & dirigés par un habile homme, qui se serviroit de la voye de la digestion & de la nourriture, pour porter insensiblement dans leur ame les pensées nécessaires à leur état & leur profession.

J'avouë que je n'imagine pas trop les ragoûts & les sauces qu'il faudroit donner à un enfant, dont on voudroit faire un honnête-homme, un Citoyen vertueux, modeste, enjoüé, & qui n'eût simplement que du bon sens & de bonnes mœurs. Ces sortes de tempéramens sont fort rares ; mais vos lumieres, Monsieur, suppléeront aisément sur ce point à mon ignorance. Je suis très-persuadé que cette méthode, par elle-même très-facile, seroit très-agréable aux jeunes gens, & formeroit en peu de tems de fort grands sujets. Mais il n'est réservé qu'à vous de dévoiler ce secret au Public, dans l'Ouvrage plus étendu que vous annoncés, sur les avantages de la nouvelle Cuisine.

Il y a grande apparence, comme vous le dites, Monsieur, que ce bel Art doit sa naissance à cet esprit philosophique, qui a fait de si grands progrès en France. Il s'est répandu non-seulement dans nos Académies, chez nos femmes, chez nos artisans : il s'est introduit jusque dans nos Cuisines. Comme ses utilités embrassent tout le genre humain, par égard pour les personnes voluptueuses, il ne dédaigne pas de prêter son ministére à une profession, qui étant la mere nourrice des Médecins, étoit sans raison regardée comme l'antipode de la Philosophie.

Vous avez bien raison de remarquer, Monsieur, que nos peres & les gens du siécle passé, vivoient dans une étrange barbarie. Est-il possible qu'une Nation qui se pique d'esprit, de bon goût & de délicatesse, ait été si long-tems sans sauces à l'huile, & sans quintessence ? En vérité cela n'est pas croyable. Je conçois aussi peu que nos peres ayent été galans, sans plumets & sans talons rouges. Car enfin les plumets & les talons rouges sont à la galanterie ce que la quinteſſence eſt à la Cuiſine. Point de galanterie ſans plumets : & ſi rien n'eſt plus inſipide aujourd'hui qu'une ſauce ſans quinteſſence ; vous m'avouerez que rien n'eſt plus fade qu'un galant ſans plumet & ſans talons rouges. Je m'en rapporte aux Dames du Marais.

Je ne me laſſe point d'admirer le progrès rapide que le bon goût a fait dans la Nation. Il y a vingt ans que le choix des viandes, quelques ragoûts ſimples & d'excellens vins faiſoient tout le mérite d'un ſoupé : On avoit ſurtout une attention ſcrupuleuſe ſur le choix, le nombre & la convenance des conviés : Aujourd'hui les choſes ſont ſur un autre pied. Un ſoupé n'eſt point dans les regles, & vous n'oſeriez prier des gens de bonne compagnie, ſi vous ne débutés par deux ſervices de hors d'œuvres alambiqués, relevés de ſix entrées quinteſſenciées, ſuivies du rôti & de deux ſervices d'entremêts ; le tout terminé par un fruit monté & hiſtorié, qui en dérobant aux conviés le plaiſir de voir quelquefois de fort jolis viſages, leur laiſſe ſeulement la liberté de s'entretenir. En quoi les gens ſenſuels entendent mal leurs intérêts : car quoique ce qu'ils diſent ſoit fort bon, ils auroient deux plaifirs pour un.

Du refte, le choix des viandes eft devenu fort inutile par l'habileté de nos Cuifiniers. Ils fçavent tellement quinteffentier chaque chofe, que rien ne domine, & que l'on ne peut diftinguer, ni au goût, ni à l'œil, fi ce qu'on mange eft chair ou poiffon. Le grand art de la nouvelle Cuifine, c'eft de donner au poiffon le goût de la viande, & à la viande le goût du poiffon, & de ne laiffer aux légumes abfolument aucun goût. C'eft à l'imitation de ce rafinement délicat, que nos habiles Auteurs ont auffi l'art de déguifer tous les genres. Les piéces d'éloquence ont l'air de differtations, & les Differtations l'air de piéces d'Eloquence : la Profe eft fur le ton des Vers, & les Vers fur le ton de la Profe. Des éloges funébres font rire, des Comédies font pleurer ; un Opéra eft une Sonate, un Poëme eft une Hiftoire, une Hiftoire eft un Roman. Tel eft le goût du fiécle, au Parnaffe comme à la Cuifine. Mais le chef-d'œuvre de nos Cuifiniers, auffi amoureux du neuf que nos beaux efprits modernes, c'eft de profcrire fans quartier les ragoûts qui ont plus d'un an d'ancienneté, & d'inventer de nouvelles fauces à mefure qu'ils en profcrivent d'autres. Cette fertilité de génie assure à notre postérité le bonheur de faire une chere encore plus délicate que la nôtre, & doit rassurer les plus timides, sur la crainte qu'ils pourroient avoir de manquer de sauces.

A l'égard de la convenance des conviés, c'est un point qui fait bien de l'honneur au bon goût moderne. Pour éviter la solitude, on a introduit l'usage d'être au moins douze ou quinze à table; & cela sans s'incommoder; parce qu'ayant tous le bon ton, ils se conviennent parfaitement, quoiqu'ils ne se connoissent que de nom. Cet usage au moins a l'avantage de leur épargner l'embarras de voir des amis, & leur procure le plaisir de faire tous les jours des connoissances nouvelles. Vous m'avouërez, Monsieur, que cette façon de vivre est bien éloignée de la rustique simplicité de nos peres.

Mais si nous les surpassons du côté de la bonne chere, nous pouvons dire sans vanité, que leurs propos de table, ni ceux de quelque Nation que ce soit, n'approcherent jamais de l'élégance & du bon goût de nos conversations.

Loin de nous cette joye & ce badinage naïf, qui étoit l'ame de leurs repas. Au lieu de cette liberté Gauloise,

A vj

avec laquelle ils s'entretenoient familiè-
rement de leurs affaires, ou des intérêts politiques de leur Patrie ( ce qui
eſt du dernier ridicule ) au lieu de plai-
ſanter comme eux, ſur nos plaiſirs, nos
paſſions, nos inclinations ; le tems, &
le bon goût qui ſe rafine toujours avec
le luxe, nous ont appris à faire d'un
ſouper une affaire de cérémonie.

A voir dans les bonnes Maiſons le
grand nombre gens qui ſont invités ; à
ne conſidérer que l'ordre & la profu-
ſion de nos ſoupers, un Etranger croi-
roit que c'eſt la vanité qui les donne, &
que l'amitié n'y a aucune part. Mais il
ſe tromperoit aſſurément.

Grace au bon goût du ſiécle, nos
repas ſont devenus une Ecole de civilité
& de complimens, qui dureroient tout
le tems du ſouper, s'ils n'étoient cou-
pés par des Analiſes ſçavantes de tous
les plats & de toutes les ſauces, qui
étant en grand nombre, emportent
néceſſairement beaucoup de tems à les
diſcuter.

Cet examen eſt ordinairement ſuivi
d'une diſſertation métaphyſique, très-
propre à former le cœur & à éclairer
l'eſprit. Elle roule tantôt ſur le goût en
matiere d'Opéra & de Comédie, &
tantôt ſur une critique fort intéreſſante

de la figure & du jeu des Acteurs. Du parallele de Corneille & de Racine, on passe ordinairement à celui de Pajot & de Massialot; & de-là presque toujours à la comparaison des personnes des deux sexes qui ont l'honneur d'être sur le trotoir. Quelquefois aussi la conversation se tourne sur des matieres plus importantes, comme par exemple, le bon goût en fait de parures, de coëffures & d'habillemens. C'est sur de semblables sujets qu'on ne se lasse point d'admirer la sagacité, les recherches & la délicatesse du goût des personnes du bon ton, & de ce qu'on appelle la bonne compagnie. Aussi faut-il convenir, pour me servir de leurs termes, que personne ne sçait mieux qu'eux couper un cheveu en quatre. A ces amusans propos succéde ordinairement un excellent amphigouri, ou un morceau de récitatif, choisi des Opéra de Rameau, qui ne manque jamais d'être suivi d'une partie délicieuse de Quadrille, ou d'un Cavagnol.

C'est ainsi, Monsieur, que les personnes *délicatement voluptueuses* passent une partie de leur vie, dans ce siécle de bon goût. Or je demande aux partisans de l'antiquité, de quel front ils osent comparer les plaisirs, les amusemens, & les conversations des anciens aux nôtres.

J'avouë que pour en juger, il faudroit sçavoir ce que les Anciens se disoient, & je crois que peu de gens le sçavent ; mais n'importe : à vûë de pays, il est aisé de juger que leurs propos ne pouvoient jamais être aussi intéressans que les nôtres, & que ces Grecs & ces Romains si vantés n'étoient à cet égard que des enfans auprès de nous.

Nous pouvons donc avancer sans exagération, que l'on ne connoît les *dons de Comus*, que depuis vingt ans. Il me semble du moins que c'est-là l'époque où vous avez fixé la fortune de ce Dieu, & de sa nouvelle Cuisine, à laquelle vous auriez pû joindre la naissance des paniers, du bon ton, de la bonne compagnie, & des Fri-Maçons.

Quelqu'un m'objectera peut-être, que la monotonie & l'uniformité des plaisirs & de la conversation des gens du grand monde, doit bientôt les rendre d'une insipidité insupportable.

Mais c'est en cela même qu'il faut admirer l'esprit supérieur des gens de bonne compagnie, & le rapport qu'il a avec l'art de la nouvelle Cuisine ; puisqu'avec un petit nombre de matériaux très-simples, ils ne laissent pas de donner à tout ce qui paſſe par leurs mains, un air de nouveauté. Dans la Cuiſine nouvelle, avec du boüillon, de l'huile, du citron & de la quinteſſence, vous allez faire un nombre infini de ſauces & de ragoûts, décorés d'un nom différent. La même choſe arrive parmi les gens du bon ton & de la bonne compagnie.

Comme tous leurs diſcours ne roulent que dans un petit cercle d'idées très-bornées, ils s'ennuyeroient bientôt mortellement, ſans l'adreſſe qu'ils ont de varier leurs converſations à l'infini ; tantôt en donnant des noms différens aux mêmes choſes, & tantôt en ſe ſervant des mêmes termes, pour exprimer des choſes fort différentes. Avec cette reſſource, que les gens du bon ton ont réduit en art, ſous le nom de *Perſiflage* *, ils peuvent s'entretenir des

---

* On a long-tems employé ce mot, ſans convenir de ſa ſignification propre. Enfin, on eſt venu à bout de le définir. Le *Perſiflage* n'eſt pas la même choſe que le galimathias. C'eſt un diſcours qui préſente des idées générales, des images frappantes, des raiſonnemens vaſtes : enfin un diſcours que ni celui qui le fait, ni ceux qui l'écoutent, ne ſe piquent point de comprendre. Le *Perſiflage* eſt aujourd'hui fort à la mode, & fait bien de l'honneur à ceux qui le pratiquent avec ſuccès. Son principal

journées entieres fans s'ennuyer ; ce qui ne leur feroit pas poffible autrement.

Vous n'imaginez pas les avantages qu'ils retirent de cette méthode. Le Perfiflage eft l'ame de leur converfation ; il fait tout le fel de leur plaifanterie. Enfin, quiconque en ignore la pratique, doit s'attendre à paffer chez le beau monde pour un provincial, un pédant ou un idiot.

La premiere maxime à fuivre pour ceux qui veulent réuffir dans cet art, c'eft de ne trouver rien de bon, d'être difficiles fur tout, de n'envifager les objets que parce qu'ils ont de défectueux, & de le tourner en ridicule.

Le fecond point à obferver très-fcrupuleufement, c'eft de prendre un air réfervé, & d'employer toujours de grands mots en parlant de chofes triviales, & au contraire de ne traiter les fujets les plus grands & les plus ferieux, qu'en badinant & par maniere d'acquit. Il faut furtout bien fe garder de rien dire qui foit penfé & refléchi, fans l'habiller des livrées de la diftraction ou de la bouffonnerie. En ne s'écartant jamais de ces deux regles, on peut fe

ufage eft de fronder tout, & de fronder de bon air & *du bon ton.*

flatter d'être au ton de la bonne compagnie.

Je ne doute point que la Nation Françoise ne doive encore les heureuses dispositions qu'elle a pour le Persiflage, à cet esprit Philosophique qui se répand chez elle depuis le Sceptre jusqu'à la Houlette. Aussi a-t'on remarqué que des Sçavans, des Géométres, de très-grands génies, & quelques Académiciens même, sont de toute la Nation les esprits les plus propres au Persiflage. Il y en a parmi eux qui ont porté cet Art à un dégré de perfection, qu'on n'eût osé attendre des forces de l'esprit humain.

Quoiqu'il en soit, il faut convenir que nos Auteurs modernes ont à cet égard un grand avantage sur les meilleurs Auteurs de l'antiquité, qui paroissent avoir ignoré les utilités du persiflage, & qui semblent au contraire s'être tous donné le mot pour le décrier.

Cicéron, Macrobe, Xenophon, Pausanias, Sénéque, Plutarque, Dion Cassius, & tous ces grands hommes cités dans votre Ouvrage, s'accordent à dire qu'il est ridicule de s'occuper serieusement de niaiseries. *Stultum est,* disent-ils, *difficiles habere nugas.*

*Stultus est labor ineptiarum*, &c. Mais on peut voir dans votre sçavant Avertissement l'usage & le cas que l'on doit faire de leur autorité & de leurs préceptes. Que les partisans des anciens s'écrient tant qu'il leur plaira : *O seclum insipiens & inficetum :* qu'ils frondent à leur gré les ragoûts de la nouvelle Cuisine, la *frivolité* de nos beaux esprits, & les découvertes modernes. Je crois que tout bien pesé, le parti le plus sûr est de se laisser aller au torrent de la mode. Un homme sage s'écarte le moins qu'il peut des usages & des opinions reçûës dans son pays ; & en vérité, il vaut encore mieux errer avec ses contemporains, que d'avoir raison avec les anciens. Ce sont-là, Monsieur, les maximes que je prétens suivre à l'avenir.

J'avouë que j'eus un peu de peine à m'y préter à mon arrivée d'Angleterre. Rempli des préjugés de mon Pays, je fus près d'un an à Paris, sans ouvrir la bouche ; j'étois dans un étonnement inexprimable, de voir des hommes faits, passer leur vie à dire des balivernes & des niaiseries. Il me paroissoit bien plus raisonnable d'être tout un jour sans rien dire, que de dire tout un jour des riens. Mais que ne peut la force de l'habitude ! Insensiblement j'ai pris goût à ces mêmes riens, qui me paroissoient si ridicules ; non-seulement je les entends sans ennui ; mais il m'arrive tous les jours d'en dire, & quelquefois involontairement. Enfin, je suis arrivé au point d'être persuadé que ce seroit être encore au-dessous du rien, que de passer sa vie à en être le censeur.

Et dans le fond, les riens ne sont par eux-mêmes ni bons ni méchans ; ils sont dans le cas de la plûpart des choses du monde, qui sont indifférentes par elles-mêmes, & ne deviennent bonnes ou mauvaises que par l'usage qu'on en fait. Mais qui est-ce qui jugera si nous en faisons un mauvais usage ? Sera-ce un ancien ou un moderne ? Car il faut être l'un ou l'autre. Vous voyez bien que la question n'est pas aisée à juger. La raison & l'équité nous défendent d'être Juges & parties tout ensemble.

On pourroit encore dire, à l'avantage des riens, ce que vous répondez en faveur des sauces de la nouvelles Cuisine, que l'on accuse d'être nuisibles à la santé, en excitant l'appétit. Vous répliqués solidement à cette objection, que les ragoûts de la nouvelle Cuisine ne sont point malfaisants par eux-mêmes, & qu'ils ne font du mal qu'à ceux qui en mangent. Cela est, ce me semble, incontestable, & je défie les partisans de l'ancienne Cuisine d'indiquer un seul ragoût de la nouvelle, qui puisse nuire lorsqu'on n'en mange point. A l'égard de ceux qui *en mangent trop*, & qui en sont incommodés, c'est un inconvénient qui est commun aux ragoûts de l'ancienne Cuisine, aussi bien qu'à ceux de la nouvelle.

Vous verrez qu'un de ces jours on exigera de la nouvelle Cuisine de faire des sauces qui tiennent lieu de remédes, & qui fortifient l'estomach : & il ne faut désespérer de rien ; car je connois des gens, qui pour avoir assisté plusieurs jours de suite à des soupers de la nouvelle Cuisine, s'en sont aussi bien trouvez que d'une diete très-rigoureuse.

Il me semble que les partisans de l'ancienne Cuisine entendent mal leurs intérêts ; ils ne prennent pas garde qu'en disant beaucoup de mal des sauces nouvelles, ils ne font que les accréditer auprès des personnes *délicatement voluptueuses* ; parce qu'un des plus grands ragoûts des gens *du bel air & de bonne Compagnie*, c'est de se mettre au-dessus du respect humain, & de faire plier les anciens ufages fous leur autorité.

Et dans le fond, à qui fied-t'il mieux de donner les regles d'un Art, qu'aux gens qui en ont fait toute leur vie leur unique occupation, & qui à force de veilles, de foins & de recherches, ont enfin acquis la réputation d'être *exceffivement délicats*?

N'êtes-vous point révolté, Monfieur, du peu d'égard & de l'injuftice du Public pour les gens *exceffivement délicats*? On les prend ordinairement pour des voluptueux plongés dans les plaifirs, la joye & la bonne chere. Mais hélas! que l'on fe trompe fur leur compte, & que leur genre de vie eft différent de ce qu'on penfe! On n'imagine point les peines, les foins & les tourmens qu'il en coûte, pour être *exceffivement délicat*, ni les dégoûts, les chagrins, & les mortifications inféparables de cette qualité.

Car enfin, l'exceffive délicateffe n'eft qu'une maladie du goût, qui en confondant le fuperflu & le néceffaire, ne fçait plus à quoi s'arrêter. Un homme attaqué de cette maladie paye de cent incommodités la vanité de faire bonne chere; il fe prive de mille plaifirs qui font fous main, pour courir après de faux biens, dont la joüiſſance pleine de langueur eſt précédée d'inquiétudes, & toujours ſuivie du dégoût; or y a-t'il dans le monde une condition plus malheureuſe ? Le Public a cependant l'injuſtice de les prendre pour des voluptueux, ſacrifiant tout à leurs plaiſirs ; il a même quelquefois la dureté de les regarder comme un poids inutile ſur la terre, & comme des gens à charge à la ſociété.

Il eſt vrai que la plûpart d'entre eux s'attirent en quelque façon ce reproche, par de certains airs de vanité, & parce qu'ils regardent avec mépris les gens qui ne ſont pas initiés dans leurs myſtéres. Mais en bonne foi, ne ſe donnent-ils pas aſſez de peine pour en tirer vanité ? & ſi le Public leur refuſe ſon eſtime, ne ſont-ils pas ſagement de ſe payer par leurs mains?

D'ailleurs, ce n'eſt qu'un rendu; car la premiere maxime des perſonnes *exceſſivement délicates*, c'eſt de fronder ſur tout le goût du Public, & de mépriſer ſon jugement. Et bien leur en prend d'être de cet humeur : car ils ſeroient ſans cela les plus malheureux de tous les hommes.

Vous en pouvez juger par ce qui vient d'arriver à un Apicius moderne, qui joüit avec raifon d'une réputation bien établie, par quantité de fauces & de ragoûts qui portent fon nom ; aufli fes décifions dans la Cuifine nouvelle font-elles regardées comme autant d'oracles. Il en parle fi difertement, qu'un étourdi le prit l'autre jour pour un Cuifinier, & lui commanda un fouper pour le lendemain. On plaignit, comme vous pouvez croire, un jeune homme affez peu inftruit, pour s'être mépris d'une maniere fi étrange. Mais quoique la bévüe foit bien ridicule, je ne fçai fi elle eft auffi groffiere, que celle qui confond un homme *exceffivement délicat*, avec un homme qui l'eft véritablement.

Nous voyons tous les jours des gens qui ne font que difficiles, & qui fe croyent fort délicats ; j'ofe dire cependant qu'il y a pour le moins autant de différence entr'eux, qu'il y en a entre un complimenteur & un homme poli. Que ces fortes de nuances échappent aux partifans de l'ancienne Cuifine, je n'en fuis pas fort étonné. Mais je fuis très-furpris que de pareilles méprifes arrivent tous les jours à des perfonnes d'un goût auffi délicat, que les partifans de la nouvelle Cuifine. Par exemple, j'en vois tous les jours qui fe méprennent au caractére d'un voluptueux, & qui s'en font des idées très-fausses.

Ils ont oüi dire qu'il y a eu dans tous les tems des gens de beaucoup d'esprit, très-sensuels & très-voluptueux ; & ils concluënt de-là, qu'un penchant à la volupté est une preuve d'esprit ; mais la conséquence n'est pas juste.

On peut avoir beaucoup d'esprit & être sensuel & voluptueux ; mais tous les gens sensuels & voluptueux n'ont pas de l'esprit pour cela. Sans vouloir nommer personne, je m'en rapporte à vous là-dessus, & je vous demande si vous ne faites pas très-souvent la triste expérience du contraire.

Si vous faites un nouvel Avertissement, Monsieur, j'ose vous prier d'insister un peu sur cet article ; car je vois tous les jours les gens du meilleur ton qui s'y bloufent. Tâchez aussi de faire entendre aux gens *délicatement voluptueux*, qu'en matiere de goût, la facilité que l'on se donne à approuver celui des autres, est un plus grand sujet de vanité, qu'un goût qui se contente malaisément. En attendant vos observations là-dessus ; je suis, Monsieur, &c.

# EXTRAIT

*Ou imitation du Craftsman.*

ON trouve dans le *Craftsman* du 14 Juillet de cette année, n°. 679, une idée singuliere & plaisante, que l'on peut rendre ainsi avec quelques changemens. Vous vous souvenez que dans les *Voyages du Capitaine Gulliver*, par M. Swift, il est fait mention de la grande Académie de *Lagado*, Capitale du Royaume de *Balnibarbe*, qui est sous la domination de l'Empereur de *Laputa*, ou de l'Isle Flottante. Cette Académie, dit le Craftsman, est composée de plusieurs *Virtuoses*, dont le sublime génie & le profond sçavoir, ont déconcerté toute la Société Royale de Londres. A-t'elle en effet des hommes qui approchent de ces deux habiles Académiciens de *Lagado*, dont l'un travailloit depuis huit ans à extraire d'un Concombre des rayons de Soleil; & l'autre ne montroit pas moins de sagacité & de courage, pour venir à bout de calciner la glace, dans la vûë d'en composer de la poudre à canon. Malheureusement, aucun de ces deux sçavans Physiciens n'avoit encore réussi dans son projet, lorsque Gulliver partit de ce Pays-là. En attendant le glorieux succès que l'un & l'autre a droit de se promettre, voici un autre projet que l'on propose : il n'est peut-être pas moins important ; vous en allez juger.

Il s'agit de tirer du bon sens de quelques cerveaux, surtout de celui d'un certain Poëte, & d'extraire de l'esprit du cerveau d'un certain Musicien. Comme, grace à Dieu, nous ne manquons ni de rayons de Soleil, ni de poudre à canon, cette opération, si elle pouvoit réussir, seroit bien plus avantageuse en général, que celles des deux Académiciens du Royaume de *Balnibarbe*. On en feroit des expériences sur une infinité de personnes, qu'on soulageroit par là de ce qu'elles peuvent avoir de trop, soit en bon sens, soit en esprit, afin d'en faire une juste repartition entre tous les Sujets du Royaume.

En cas que ce projet ne réussisse point, on en propose un autre, aussi sérieux. Il faut convenir que les cerveaux humains diffèrent trop entr'eux. Ici il y a un excès d'esprit ; là il n'y en a point du tout. Il est question d'abolir, ou au moins d'affoiblir cette odieuse différence, qui est à charge à la société civile. Pour en venir à bout, voici le Problême que l'on a imaginé. Trouver le moyen de pouvoir, sans inconvénient, fendre tellement les têtes des uns & des autres, qu'on puisse échanger le *Synciput* de celui-ci contre l'*Occiput* de celui-là. Il n'est question que d'une main légere & sçavante qui fasse cette affaire. Si nos Chirurgiens de Londres n'étoient pas assez habiles, on pourroit en ce cas avoir recours aux Chirurgiens de Paris, où les *la Peyronies*, les *Petits*, les *Morands*, ont fait, dit-on, des opérations aussi difficiles que celle-là. Dans la suite, il arrivera que le succès de cette opération fondera un nouvel Art, sous le nom de *Cephalotomie*. De cette façon, & par cette combinaison artificielle, tout le monde aura également de l'esprit. Ne serois-je pas heureux, moi, de partager le superflu de l'esprit de M. de V. en lui donnant un peu de bon sens? L'Etat ne perdra rien à ce nouvel arrangement, supposé qu'il puisse avoir lieu; puisqu'il existera toujours dans le Royaume, substantiellement & en nature, la même quantité d'esprit diversement distribuée & modifiée. Il y a plus: comme le nombre de ceux qui n'ont point d'esprit, est bien plus grand que le nombre de ceux qui en ont, ceux-ci qui se trouveront infailliblement lézés dans la répartition, ne mériteront point d'être écoutés, s'ils se plaignent ; puisque dans tout arrangement politique, il ne faut jamais avoir égard au petit nombre, & que l'on ne doit fixer son attention que sur la multitude. Ce qu'il y a ici de très-avantageux, est que par ce moyen la Nation Angloise passera universellement pour un peuple spirituel. Il n'y aura aucun Anglois, qui n'ait une portion d'esprit ; au lieu qu'on voit aujourd'hui en Angleterre, ainsi qu'ailleurs, des personnes sans esprit fourmiller dans toutes les conditions.

www.ingramcontent.com/pod-product-compliance
Lightning Source LLC
Chambersburg PA
CBHW060720050426
42451CB00010B/1547